Monsieur B. & Issey Mishiffon

Dictionnaire indiscutable de la Moto

Préface de Laurent Cochet

12bis

PRÉFACE

Malgré ses efforts, malgré le récent et grand élargissement de sa communauté à celle des scooters et autres engins à 3 roues tout aussi vains, inutiles et casse-gueules, le motard reste une bête curieuse, à part et sans égal : avec ses codes, sa gestuelle, son langage propre, ses inévitables incompréhensions et quiproquos auprès du grand public.

Notez bien que, malgré toutes ces anomalies et, disons-le, ces inaptitudes à la vie en société, le motard ne cherche pas nécessairement à être mieux compris ou accepté.

Il est vrai que la tirade : « après avoir déposé mon SDS, j'ai reprogrammé le power commander en version full po' pour partir en burn spinné, suivi d'un long wheel, d'un Christ Air enchaîné avec un front face skitching de la mort qui tue sa race » aura de quoi dérouter n'importe qui. Même un jeune permis ! Candidats au permis moto, ne balisez pas, ne cherchez pas, ça ne fait (malheureusement) pas encore partie des questions au permis moto.

Sans aller jusqu'à ces extrêmes, nombre de « boîta-roues » se posent, encore et par exemple, la question de ce que peut bien vouloir dire ce pied levé lorsqu'un motard les double par la file de droite, sur le périphérique.

Ou encore ce que peut bien signifier, au beau milieu d'un repas dominical en famille, l'emploi de cette expression fort épicée : « sucer la roue » ? Le doute ne mérite-t-il pas d'être levé pour éviter quelque gêne compréhensible auprès des non-initiés à la culture motarde ?

De même, l'ambiguïté doit-elle subsister autour de l'expression « tirer un poil court » ? À la surprise de la gent féminine, il n'y aurait donc que les longs qui mériteraient grâce aux yeux des motards ? Une thèse qui pourrait d'ailleurs être largement accréditée par une incursion dans le camping du Houx lors des 24 Heures du Mans.

« Envoyer du gaz » peut-il être employé en toute circonstance sans risque d'offenser, voire d'oublier un peu vite l'Histoire avec un grand H. Le malvenu « se traîner la bite comme une lopette » ne mérite-t-il pas d'être quelque peu amendé ou modifié à l'heure du débat sur le « mariage pour tous » ?

Il est à remarquer que, souvent, le motard lui-même, bien qu'expérimenté et chevronné, ne sait pas toujours quelles sont les origines de ce savoureux langage. Ni même ce qu'il peut bien vouloir dire.

Demandez-lui de vous expliquer l'origine de l'expression « freinage de trappeur » et vous verrez un grand trait d'ignorance venir barrer l'intense bonheur qu'il avait de vous initier aux expressions motardes.

Cette ignorance, j'en ai moi-même encore, et récemment, fait l'amère expérience lorsque j'ai appris à mes dépens (le motard apprend toujours à ses dépens et donc à son corps défendant) ce que voulait réellement dire l'expression « rouler comme un porc ou encore effectuer des travers de porc ». Et que le doute était même permis quant à son orthographe. Ne devrait-on pas dire, ou plutôt écrire « rouler comme un port » ?

C'est en tous cas ce qui m'a semblé lorsque (et alors que j'effectuais une prise de vue vidéo sur le quai du sublissime, mais néanmoins profond, port carré de Saint-Martin-de-Ré) je basculais avec ma moto 4 mètres en contrebas, au fin fond d'un voilier, pour avoir oublié d'évaluer correctement la distance séparant la valise gauche de ma moto d'une bitte d'amarrage.

C'est ainsi que, pour une histoire de gros cul, j'ai pris un coup de bitte qui m'a fait entrer dans l'histoire du PAF (oui, il faut vous dire que la télé s'intéresse à la moto dès qu'il s'agit de montrer que ce sacré « Régis est un con » ne pouvait qu'être motard dans sa vie).

Et que je venais également de donner une explication, que dis-je, ses lettres de noblesse, à l'expression « rouler comme un port » ! Au risque de subir moult quolibets et moqueries sur des générations à venir ! Quoi que l'on en dise, le journalisme du 21e siècle sera engagé ou ne sera pas !

D'où l'importance, ou plutôt la vitale nécessité, de l'existence de ce dico des expressions motardes fort bien foutues, tournées, malaxées et magnifiquement illustrées.

Laurent Cochet
www.facebook.com/lolo

A

ABS :

Système d'aide au freinage développé par l'industrie automobile visant à laisser croire aux motards qu'ils ont une chance d'échapper à la maladresse des automobilistes. S'utilise également chez les motards débutants, ou particulièrement couards, comme un placebo.

| **EXEMPLE** |

Merde il pleut ! Je serais bien sorti faire un tour de bécane, mais avec ce fichu **ABS** *je ne vais pas en profiter pleinement…*

AGONIE (ÊTRE À L') :

Situation embarrassante durant laquelle le motard en perdition doit déployer autant d'efforts pour rester sur sa machine que pour se convaincre qu'il va y parvenir. S'emploie systématiquement à la seconde personne.

| EXEMPLE |
Dis donc, après t'avoir fait l'intérieur dans le grand gauche, j'ai vu dans mes rétros que tu avais l'air ***à l'agonie****… Pourtant à l'allure où tu roules, ça risque rien normalement.*

ARSOUILLE :

Petite balade tranquille et sans enjeu particulier entre camarades partageant une même passion pour une pratique motocycliste respectueuse du code de la route.

| EXEMPLE |
Avec Momo on s'est tapé une petite ***arsouille*** *dimanche du côté de Serrez Laculaz. La raclée que je lui ai pas mise à cet imbécile ! Il a pas vu le jour.*

ASPI :

Méthode visant à se dissimuler habilement dans le postérieur de la machine de son rival, afin de lui laisser caresser l'espoir qu'elle dispose de performances supérieures à la vôtre. Avant de lui porter l'estocade au premier virage venu.

| EXEMPLE |
*Te prendre l'**aspi** ? J'aurais bien aimé, mais pour ça, il aurait fallu que tu restes devant suffisamment longtemps !*

ATTAQUER :

Verbe du premier groupe. Ne s'emploie donc que lorsqu'on roule en tête, et le plus souvent sous la forme d'une question. Action qui consiste à se démener âprement pour maintenir sa moto sur les roues tout en laissant présumer que l'on admire le paysage.

| EXEMPLE |
*Ah bon, tu **attaquais** ? Désolé, j'ai pas pensé à regarder derrière tellement le paysage est à couper le souffle dans la Beauce.*

AUTOROUTE :

Large bande de bitume ennuyeuse et rectiligne, initialement conçue pour se rendre le plus rapidement possible d'un point A à un point B. Récemment reconvertie en espace de transhumance payant sur lequel le motard vient librement dépenser ses points de permis.

| EXEMPLE |

*Hé les gars ! On prend l'**autoroute** ? J'ai récupéré quatre points et il faut que je finisse mon train de pneu avant demain.*

AVOINER :

Verbe transitif. C'est-à-dire qu'il permet de passer de l'état de somnolence d'un individu lambda se rendant, par exemple, au boulot un lundi matin, à celui de motard excité par la perspective d'y arriver le plus rapidement possible, de préférence devant tous les autres motards. Non par zèle ou conscience professionnelle, mais pour la simple beauté du geste.

| EXEMPLE |

*Des bouchons ? Ah non, je ne me suis rendu compte de rien. Faut dire aussi que je n'**avoine** jamais le matin, sinon j'arrive beaucoup trop vite au bureau et j'ai pas le temps de me réveiller.*

B

BICYLINDRE :

Type de moteur à deux cylindres, très apprécié des amateurs de motos italiennes, qui se décline en V, en L ou à plat dans le pire des cas (flat). Le bicylindre est parfois qualifié de « poumon poussif » par ses détracteurs qui lui préfèrent le quatre-cylindres réputé beaucoup plus sportif. On notera qu'il est toujours possible d'échapper aux quolibets des autres motards en employant le mot « twin » à la place de « bi », pour se viriliser.

| **EXEMPLE** |
Dans la famille, on est ***bicylindre*** *à mort ! Ça a commencé avec mon grand-père et sa 2CV.*

BIKER :

Marque déposée par la firme américaine Harley Davidson pour qualifier sa clientèle. À l'origine, le biker était un rebelle ayant choisi de se déplacer lentement au guidon d'une moto voyante et inconfortable. Aujourd'hui, ce label désigne surtout une catégorie socioprofessionnelle supérieure principalement constituée de professions libérales à fort pouvoir d'achat et au goût prononcé pour les chromes et les franges.

| **EXEMPLE** |
*Charles-Hubert, mon ami, n'oubliez pas que ce week-end nous avons un brunch à Deauville avec votre chapter de **bikers**...*

BITZA :

Terme utilisé, dans les années 1970 avant Jésus Christ, pour désigner une moto de marque approximative, bricolée par son propriétaire dans le but manifeste de se singulariser. Le mot bitza est généralement accompagné des adjectifs « moche », « ridicule », voire « immonde » et se doit d'être prononcé au second degré et avec courtoisie afin de ne pas trop blesser.

| **EXEMPLE** |
*Surtout ne le prend pas mal, mais en regardant ta **bitza**, je me dis que tu as sûrement une chance de décrocher un boulot de designer chez un constructeur français...*

B

BMW :

Marque allemande qui propose principalement un catalogue d'accessoires hors de prix à assembler autour d'un moteur dont le plus emblématique est un bi cylindre à plat (flat twin). BMW s'est également spécialisée dans la préparation de motos pour les forces de l'ordre. Ce qui lui vaut une image de rigueur auprès d'une clientèle d'automobilistes essentiellement soucieuse de préserver l'état de ses mocassins à glands.

| **EXEMPLE** |

La moto ? Non, franchement passé un certain âge, c'est pas raisonnable. Moi je préfère rouler en ***Béhème****.*

BOURRER :

Action plus ou moins volontaire qui consiste à quitter sa moto sans préavis pour se répandre sur le sol avec élégance et désinvolture. À ne pas confondre avec la danse traditionnelle auvergnate (bourrée) mettant en scène des paysans en habits du dimanche, probablement fortement imbibés d'alcool local, se trémoussant au son nasillard d'un accordéon rance.

| **EXEMPLE** |

Je préfère encore me ***bourrer*** *en me tirant la bourre, que danser la bourrée en étant bourré !*

BRÊLE :

Appellation communément utilisée pour désigner avec mépris un deux-roues motorisé, plus précisément lorsqu'il est de facture douteuse et surtout de faible cylindrée. Par extension on qualifiera de « brêlons » la Mobylette de son petit-neveu, surtout s'il est boutonneux et incapable de répliquer.

| **EXEMPLE** |
*Ah mais non, ne le prends pas mal ! Quand je dis « **brêle** », je ne parle pas de la moto, mais du pilote.*

BURN :

Figure de style couramment pratiquée lors des concentrations de motards, consistant à brûler le pneumatique arrière de sa moto afin de démontrer au plus grand nombre qu'il est possible de faire de la fumée sans feu. La technique se décompose en trois étapes :

1 - Accélérer comme une mule ;
2 - En maintenant fermement le frein avant ;
3 - Tout en relâchant l'embrayage.

On conserve ainsi une main libre pour téléphoner à son concessionnaire afin de commander un pneumatique de rechange et éventuellement une fourche.

| **EXEMPLE** |
*Rien de tel qu'un bon vieux **burn** pour se faire plein de nouveaux amis, principalement chez les concessionnaires et les gendarmes.*

C

CAFÉ RACER :

Concept de moto inventé par les Anglais permettant, comme son nom l'indique, de se rendre le plus rapidement possible d'un café à l'autre, diminuant ainsi la probabilité de subir un test d'alcoolémie. Le Café Racer est un engin généralement épuré et sans carénage, le plus souvent équipé d'un guidon bracelet afin d'offrir au conducteur une surface plane, sur le réservoir, pour cuver tranquillement.

| **EXEMPLE** |
Toi, rien qu'à sentir ton haleine, on devine que tu roules sur un **Café Racer***. Hummm, et vu les effluves de tourbe, je dirais même plus : un Irish Café Racer !*

CAISSEUX :

Appellation motarde d'origine contrôlée servant à désigner de façon imagée et affectueuse les usagers de la route se déplaçant grossièrement à bord d'un véhicule à quatre roues, équipé d'une carrosserie et d'un volant. On retiendra que le motard reste un motard même lorsqu'il est contraint par les événements climatiques, ou sa femme, à emprunter ce mode de transport humiliant.

| **EXEMPLE** |
*Prendre la voiture pour t'emmener à la maternité ?? Tu ne voudrais tout de même pas que mon fils devienne un **caisseux** !*

CARÉNAGE :

Sorte de carrosserie en matériau composite servant plus ou moins à améliorer l'aérodynamisme de la moto, mais surtout à lui donner un air « racing ». Attention : le carénage ne fait pas office de protection du pilote en cas de rencontre inopinée avec un obstacle. Sauf si c'est à haute vitesse et que l'obstacle est mou : mouches, moucherons, cervidés…

| **EXEMPLE** |
*Une moto sans **carénage,** c'est comme une route sans virage : ça sert à rien.*

CHALEUR (SE FAIRE UNE) :

Action vaguement préméditée amenant le philosophe à s'interroger sur la précarité de l'existence, et le motard à remettre brutalement en question sa nature optimiste. Paradoxalement, il est tout à fait envisageable de se faire une grosse chaleur alors que la température extérieure est négative. C'est même recommandé par le code d'honneur du motard.

| EXEMPLE |
*J'ai trouvé une solution pour ne plus me faire de **chaleur** avec cette meule qui ne tient pas le pavé : je ne roule plus qu'en hiver.*

COMPTEUR :

Accessoire très utile au motard puisqu'il lui permet de s'assurer, en temps réel, qu'il roule effectivement au-delà de la vitesse maximale autorisée. Le cas échéant, le compteur sert également à être débranché de façon à attester, lors de la revente, qu'on a beaucoup moins de kilomètres que ce que l'état de l'engin laisse présager.

| EXEMPLE |
*Ce tas de boue a vingt ans et affiche 230 kilomètres au **compteur** ?! Vous ne seriez pas en train de me prendre pour un automobiliste des fois ?*

CONCENTRATION :

Sorte de rassemblement qui permet aux motards de se regrouper en bandes plus ou moins désorganisées et de partager une passion commune pour la bière et le rock'n'roll. Souvent créées autour d'un thème farfelu et d'un logo grotesque, les concentrations donnent lieu à un périple qui s'avère inoubliable dès lors que les conditions météorologiques sont déplorables. Le meilleur exemple étant celui des Eléphants (Elephs), qui a lieu chaque année en Allemagne fin janvier.

| **EXEMPLE** |
*Là, c'était en Bavière il y a deux ans, - 23 ° C : trois doigts gelés, amputés à la hache. Là, c'était au Nurbur, - 46 ° C… l'année d'avant… le gros orteil et le bout du nez. Les Elephs, crois-moi, ça c'est de la **concentration** bien organisée !*

D

DÉBOÎTÉ :

Mot à double sens. Médical : désignant le plus souvent une pathologie liée à l'épaule, à la clavicule, voire aux deux. Imagé : manœuvre intrépide consistant à doubler brutalement un de ses congénères motorisés au moment où il s'y attend le moins. Peut éventuellement s'agrémenter d'un geste de provocation, du type « majeur tendu ».

| **EXEMPLE** |
Hier, j'ai croisé Marcel sur sa CB 1000… comment je l'ai ***déboîtée*** *! Mais non, pas Marcel. Mon épaule gauche !*

DÉPARTEMENTALE :

Terrain de jeux favori des vrais motards qui apprécient particulièrement ses petits virages aveugles, ses portions gravillonnées à l'adhérence précaire et les rencontres inopinées que l'on peut y faire avec des engins agricoles. La vitesse y est généralement limitée à 90 km/h, ce qui finalement s'avère largement suffisant pour se bourrer.

| **EXEMPLE** |
On se bourre tout autant sur l'autoroute que sur les ***départementales****, mais au moins, les* ***départementales****, c'est gratuit.*

DÉPOSER :

Laisser sur place un motard moins rapide afin de l'humilier publiquement. Procédé spectaculaire qui prend tout son sens lorsque le motard doublé n'est pas pris par surprise, mais vertement rossé alors qu'il s'imaginait, le pauvre présomptueux, être largement au-delà de la vitesse raisonnable.

| **EXEMPLE** |
J'ai ***déposé*** *deux glandus en Béhème sur l'autoroute… Résultat : quatre points en moins. Les flics à moto n'ont aucun humour.*

DIESEL :

Carburant visqueux et malodorant, utilisé par les automobilistes et les routiers, pour entretenir les réflexes des motards et éventuellement leur offrir généreusement une petite dose d'adrénaline en virage. Le diesel est souvent répandu sur la trajectoire du motard afin qu'il ne s'ennuie pas trop en l'absence de gravillons.

| **EXEMPLE** |

__Diesel__ en virage, bécane au garage. Gasoil au carrefour, motard à la bourre.

DUCATI :

Constructeur italien de motos établi à Bologne, très apprécié des gourmets et autres amateurs de machines de caractère. Ducati a bâti sa réputation sur ses moteurs bicylindres en V ou en L, et sa célèbre sauce à la viande qui l'accompagne généralement.

| **EXEMPLE** |

C'est la première fois que je me bourre avec une __Ducati__, faut reconnaître : les Italiens restent les champions de la pizza. Pas vrai, docteur ?

DUO :

Néologisme employé par certains motards hypocrites dans le but éhonté de laisser croire à une éventuelle passagère qu'il est possible de prendre du plaisir à voyager à l'arrière d'une moto avec un sac à dos lesté sur les épaules. Le motard honnête préférera employer l'expression consacrée « sac de sable », qui désigne la même chose.

| **EXEMPLE** |
*J'adore le **duo**, ça me donne plus de stabilité en courbe.*

E

ÉCHAPPEMENT :

Organe servant à évacuer les gaz de combustion sur les véhicules dotés d'un moteur à combustion interne. Sur une moto, en revanche, l'échappement sert essentiellement à se faire remarquer. Lorsque celui-ci émet un volume sonore insuffisant, le motard averti en déduira qu'il doit s'en débarrasser au profit d'un modèle plus couteux susceptible de lui valoir des ennuis avec la police.

| **EXEMPLE** |
*Il ne faut pas confondre **échappement** libre et délit de fuite* (Guide de verbalisation du parfait petit gendarme, *extrait*).

ENDURANCE :

Forme de compétition qui consiste à éprouver la résistance à l'alcool et au manque de sommeil de spectateurs venus en masse pour observer, au travers d'un grillage, une course de motos où le premier n'est pas celui qui roule en tête. Les épreuves les plus célèbres sont le bol d'Or, les 24 Heures du Mans et la fête de la bière à Munich.

| EXEMPLE |

*La consommation d'une moto d'**endurance** est en moyenne de 20 litres au cent, ce qui n'est pas énorme en regard de celle d'un spectateur.*

ENDURO :

Discipline de la moto tout-terrain visant à patauger dans la gadoue ou à escalader des roches coupantes en essayant de se faire mal le plus vite possible. Il est possible de s'initier à l'enduro avec une moto routière lors d'une escapade sur les bas-côtés de la route ou dans un champ. Dans ce cas, on appellera ça une « erreur de trajectoire » ou un freinage raté.

| EXEMPLE |

*Je me remettrais bien à l'**enduro**, ça fait longtemps que je ne me suis plus fendu la gueule… au sens propre, je veux dire.*

E

ENRHUMER :

Technique de pilotage consistant à affirmer sa suprématie sur un pilote moins rapide, de manière indiscutable et la plus spectaculaire possible. Image empruntée au vocabulaire médical en raison des dégâts provoqués par le souffle de la moto qui double sur les sinus et l'amour-propre de celui qui se fait doubler.

| **EXEMPLE** |
*Si tu veux arrêter de te faire **enrhumer** à chaque sortie, c'est pas d'un vaccin contre la grippe dont tu as besoin !*

ENVOYER (SYNONYMES : EMMANCHER, ESSORER) :

Mot compte triple s'il est associé avec « du bois » ou « du lourd ». En revanche, ne compte rien du tout s'il précède la formule « dans le décor » et peut devenir carrément hors de propos, voire prétentieux, lorsqu'il est accolé à « en l'air ».

| **EXEMPLE** |
*Lorsqu'on est un gentleman, on ne propose pas à une jeune fille de « s'**envoyer** en l'air dans les bois », mais : « d'**envoyer** du bois sans en avoir l'air ».*

ÉTRON :

Terme technique utilisé pour désigner une moto moche, poussive, ou appartenant à un camarade dénué de sens de la répartie. Attention aux raccourcis faciles : les motos américaines ne sont pas forcément des étrons. Pour les désigner, surtout si leur propriétaire fait plus de 90 kilos, on emploiera plus volontiers le terme de « moto de caractère » ou « atypique ».

| EXEMPLE |
*« Lorsque l'**étron** pète, c'est qu'il est temps de changer de pot » (maxime des brigades motorisées de la fanfare nationale).*

EXTÉRIEUR :

Zone de dépassement la plus éloignée du point corde. Particulièrement convoitée lors des dépassements sur route ouverte, cette trajectoire garantie à celui qui l'emprunte, un succès d'estime considérable auprès des spectateurs. Spécialement s'ils circulent à bord d'une voiture arrivant en sens inverse sur une route mouillée.

| EXEMPLE |
*Quand on ne sait pas faire un **extérieur**, on commence par balayer les gravillons devant sa roue.*

F

FLASH :

Phénomène lumineux souvent observé au bord des routes. Lumière blanche de forte intensité, qualifiée d'« éclair », qui provoque une série de réactions en chaîne que les scientifiques peinent à expliquer :

1- Mouvement brutal en tension/extension de l'un des membres (bras, jambe) provoquant un freinage violent du sujet ;

2- Brusque augmentation de l'adrénaline accompagnée d'une éructation scatologique. Le plus souvent : « merde ! » ;

3- Période de dépression avec angoisse et sueurs froides. S'estompe au bout de quelques kilomètres.

EXEMPLE

*J'ai vu un grand **flash** sur l'autoroute hier soir… Et pourtant il n'y avait pas d'orage et j'avais rien bu !*

FLIC (SYNONYMES : KEUFS, CONDÉS, POULETS...) :

L'un des nombreux sobriquets utilisés pour désigner malicieusement un représentant des forces de l'ordre. Se déplace généralement en groupe de deux à quatre individus, en auto, moto, voire en camionnette ou en bus lors des grandes transhumances. On peut facilement l'observer dans son milieu naturel, sur le bord des routes. Il y regarde passer les véhicules et en mesure la vitesse en mâchonnant des chewing-gums. Mais le parallèle avec la vache s'arrête là.

| EXEMPLE |
*Parler français comme un **flic** espagnol.*
(Proverbe).

FLUO :

Couleur improbable utilisée par le « jeune » des années 1980, pour affirmer sa différence en dansant sur les rythmes endiablés du Top 50. Tombée en désuétude avant d'être remise au goût du jour par décret des fabricants de textile soucieux d'écouler leurs stocks, le jaune fluo connaît une nouvelle heure de gloire grâce aux motards qui se doivent d'en porter une touche s'ils veulent être « chébrans », comme dirait Marc Toesca.

| EXEMPLE |
*« Il portait des culottes, des bottes de moto, un blouson de cuir noir et un gilet **fluo** sur le dos. »*
(Cyndi Piaf – L'homme au gilet fluo et à la moto - 1987).

F

FREINAGE (FAIRE LE) :

Expression à double sens selon le contexte dans lequel elle est utilisée. Lors d'une explication virile au guidon d'une moto, signifie se faire doubler par un adversaire qui freine plus tard à l'approche d'un virage. En phase de séduction, s'emploie pour désigner une manœuvre déloyale visant à accaparer les faveurs d'une personne de sexe opposé (ou pas) convoitée par deux protagonistes animés d'une même ambition.

| EXEMPLE |

*Que tu me fasses le **freinage** avec la petite blonde hier soir au bar passe encore. Mais dans le grand gauche de Serrez-les-Miches, pas question !*

FULL (POWER) :

Anglicisme désignant une moto dont les performances n'ont pas été bridées et qui dispose donc de plus de 100 chevaux en France. Le « bridage » est un concept inventé par les hommes politiques de divers gouvernements afin de permettre aux concessionnaires motos d'augmenter facilement leur chiffre d'affaires en débranchant simplement un fil électrique, situé généralement sous la selle.

| EXEMPLE |

*T'as gagné combien depuis que t'es passé en **full** ? Ben, dis-toi que ton concessionnaire c'est le double, mais en euros.*

G

GAMELLE (SAINTE) :

Née à Haut-Tas en 112, morte à Bourg-Ré un peu plus tard, Gamelle est la sainte patronne des motards rejetés par la route et leur moto. Selon la tradition, elle aurait bâti sa légende en recueillant les voyageurs trop optimistes en sortie de virage. Fille de saint Râteau et de sainte Gadin, on lui attribue cette phrase célèbre : « Laissez glisser à moi les petits motards. » Souvent représentée dans une gerbe d'étincelles, elle guérit miraculeusement les ecchymoses de l'amour-propre.

| EXEMPLE |

*On ne dit pas : « Je me suis pris une bonne **gamelle** », mais : « J'ai prié la bonne **Gamelle**. »*

GAZ :

Expression employée par le motard juste avant de tordre rudement la poignée de droite de sa machine. Mot servant généralement d'avertissement, voire de déclencheur d'hostilité, dans un groupe de motards s'apprêtant à partir pour une balade paisible. Peut éventuellement être assimilé à une provocation lorsqu'il est prononcé par un passager, surtout si c'est une passagère.

| EXEMPLE |

*Dis donc, si tu veux accélérer, c'est la poignée de droite qu'il faut tordre… Alors **gaz** !*

GENOU :

Articulation qui permet, chez la plupart des bipèdes, de joindre la jambe à la cuisse. Il supporte le poids du corps et facilite le déplacement. Chez le motard, le genou sert essentiellement de pivot et de point d'équilibre lors d'un passage en courbe. Peu de motards utilisent leurs jambes pour se déplacer ; en revanche, ils posent fréquemment le genou au sol. Que ce soit volontaire ou non.

| EXEMPLE |
J'ai d'abord posé le ***genou****, puis le coude et finalement tout le reste a suivi logiquement…*

GROS MONO (GROMONO) :

Qualificatif affectueux du moteur monocylindre de plus de 500 cm^3. Les gromonos sont le plus souvent utilisés dans les trails en raison de leur côté vibrant qui s'accorde assez bien avec la philosophie vagabonde de ce genre d'engin. On les retrouve également sur les tondeuses à gazon qui partagent la même vocation.

| EXEMPLE |
Il vaut mieux un petit bi courageux qu'un ***gromono*** *anémique.*

GUIDONNAGE :

Mouvement incontrôlé et très effrayant de la roue avant d'un deux-roues. C'est un phénomène vibratoire provoquant une oscillation du guidon de gauche à droite, et du pilote de haut en bas. Toute tentative de contrôle est généralement vaine, le plus simple étant encore d'abandonner le véhicule. Ce phénomène est souvent lié à un défaut de conception du véhicule que les constructeurs cherchent à dissimuler en montant un amortisseur de direction pour faire croire qu'il s'agit d'une sportive.

| **EXEMPLE** |
Rien de tel qu'un bon vieux ***guidonnage*** *pour se remettre les vertèbres en place.*

GUZZI :

Motocyclette de marque italienne (Moto Guzzi) à la réputation sulfureuse et justifiée par ses performances et nombreuses victoires en compétition… au siècle dernier. Les Guzzi dites « modernes » se distinguent notamment par leur moteur bicylindre en V, honteusement positionné de façon trop suggestive selon certains membres du bas clergé.

| **EXEMPLE** |
J'ai vu Roger hier soir au Gay Luron, il paraît qu'il a viré sa ***Guzzi*** *!*

H

HARLEY DAVIDSON :

Fabricant de motocyclettes attachantes, basé à Milwaukee (États-Unis) et inventeur d'un principe marketing inédit : c'est le client (voir Biker) qui paie pour promouvoir la marque. À l'origine, constructeur de motos lourdes et volontairement bruyantes, s'est récemment reconverti dans le textile et la verroterie pour indigènes.

| **EXEMPLE** |
*Je n'ai besoin de personne pour faire du boucan en **Harley Davidson**.*

HOMOLOGUÉ :

Terme administratif désignant une pièce ou un véhicule dont l'utilisation est autorisée. Généralement, on reconnaît un accessoire homologué grâce à ses performances médiocres poussant systématiquement le motard à le remplacer par un équivalent non homologué et donc plus cher. L'homologation est l'un des rouages important du fragile équilibre économique du marché de la moto.

| EXEMPLE |
*Pas **homologué** mon pot ? Alors là vous m'étonnez, Monsieur l'agent !*

HONDA :

Marque japonaise à l'origine de la célèbre Quatre pattes et plus récemment de la moto taxi (Goldwing). On ne compte plus les modèles mythiques commercialisés par la marque à qui l'on doit notamment la célèbre Civic. Une version luxe de Goldwing avec toit et volant.

| EXEMPLE |
***Honda** da sur mon bidet, quand il trotte il fait des pets (comptine japonaise).*

H

HOSTO :

Lieu inhospitalier dans lequel se donnent parfois rendez-vous les motards pour partager des anecdotes et comparer leurs cicatrices. Une vieille légende motarde prétend que l'on y croise de jolies infirmières blondes à forte poitrine et peu farouches. Vêtues seulement d'une blouse blanche, elles prodigueraient soins et réconfort au motard de passage. Il suffit d'avoir séjourné une fois dans un hôpital pour comprendre qu'il ne s'agit pas d'une légende mais d'une « connerie ».

| **EXEMPLE** |
*Noël en moto, Pâques à l'**hosto** (proverbe).*

HUILE :

Liquide visqueux généralement utilisé pour la lubrification des moteurs à explosion et des trajectoires. Permet au motard de se divertir facilement, soit en contrôlant son niveau régulièrement d'un air concentré, afin de jouer les experts en mécanique auprès de son entourage ; soit en glissant joyeusement dessus lorsqu'elle a été répandue en plaque sur le sol par un sagouin.

| **EXEMPLE** |
*Tant qu'une moto fuit, c'est qu'il y a encore de l'**huile** dans le moteur.*

I

INCONSCIENT :

Proche cousin de l'insolent (voir Insolent), l'inconscient est un motard beaucoup plus rapide que soi et qu'on laisse, par pure charité chrétienne, passer devant, sous prétexte qu'il prend des « risques inconsidérés » (excuse homologuée par l'Amicale des motards de bonne foi). Généralement, on qualifiera ainsi tout individu, ou groupe d'individus (meute d'inconscients), qui roule plus vite. Parce qu'il n'y a aucune autre explication possible.

| **EXEMPLE** |
Les motards, c'est ***inconscients*** *et compagnie !*
C'est même à ça qu'on les reconnaît.
(Marcel, cafetier érudit).

I

INDIAN :

Moto américaine possédant à peu près les mêmes caractéristiques que son homologue Harley Davidson, mais nettement moins douée en marketing. Marque désormais confidentielle qui s'adresse à un public riche et soucieux de se traîner sur une moto, sans pour autant passer inaperçu.

| EXEMPLE |
Si tu en as marre de jouer les cowboys en Harley, achète une ***Indian****.*

INSOLENT :

Se dit d'un motard jeune et présomptueux qui vient taquiner un motard plus expérimenté lors d'une phase de freinage. L'insolent a la fâcheuse habitude de se transformer en imbécile lorsqu'il insiste lourdement, et en crétin lorsqu'il finit par se mettre, logiquement, au tas. On dira alors qu'il ne l'a pas volé, à fortiori s'il roule en scooter.

| EXEMPLE |
*Je rêve ou il essaie de me faire le freinage, l'****insolent*** *?*

INTÉGRAL :

Type de casque entièrement fermé destiné aux motards, à l'inverse du modèle jet, qui s'adresse à une population peu soucieuse de préserver son apparence en cas de rencontre inopinée avec le bitume. L'intégral dispose en outre d'une visière pour récolter les moucherons lors des balades estivales, et les sécrétions nasales en hiver. Très pratique également pour couper court à une explication virile avec un automobiliste retors.

| **EXEMPLE** |
*Ce n'est certes pas la taille de l'**intégral** qui fait le mâle, mais ça y contribue.*

INTÉRIEUR :

Zone de trajectoire réservée aux experts lors des dépassements. C'est dans cette zone que se situe le fameux point de corde qui, comme chacun le sait, est aux motards ce que le point G est à l'homme hétérosexuel : une zone mystérieuse et difficilement localisable avec précision, mais que l'on doit impérativement viser pour être efficace.

| **EXEMPLE** |
*Lorsqu' on ne sait pas faire un **intérieur**, on reste à la maison.*

JARDINER :

Se dit d'un motard qui s'écarte « un peu » de la trajectoire et part batifoler sur les bas-côtés. Expression également utilisée pour décrire un motard qui s'est égaré, dont on dira qu'« il a jardiné ». Le plus souvent, on utilisera cette excuse, de qualité moyenne (classée 4 sur l'échelle de Foderche), afin de justifier que l'on s'est honteusement fait larguer par ses petits camarades.

EXEMPLE

*J'ai **jardiné** deux heures pour vous retrouver les mecs... Comment ça, j'ai de la terre partout ? Évidemment, je vous ai cherchés là où vous vous bourrez habituellement !*

JARGON :

Langage fleuri employé par le motard lorsqu'il s'adresse à ses congénères et dont cet abécédaire fait l'éloge. La plupart des mots utilisés sont issus de l'argot et composés de métaphores, d'analogies ou de figures poétiques à l'exemple du primesautier : « se traîner l'organe » ou du plus consensuel « souder comme un goret ».

| **EXEMPLE** |
*Les motards, déjà qu'on ne les comprend pas lorsqu'ils parlent normalement... alors dans leur **jargon**...*

JET :

Très utilisé dans le midi de la France ainsi que par les « scootéristes », c'est un demi-casque censé protéger la partie supérieure du crâne afin qu'en cas de choc, le cerveau soit protégé. Ce qui est une hérésie absolue, dans la mesure où, chez la plupart des motards, le cerveau n'est pas situé à cet endroit. C'est pourquoi le motard averti investira plutôt dans une coquille de protection.

| **EXEMPLE** |
*Vu ta tronche, c'est pas la peine de prendre un casque intégral… un **jet** te suffira.*

J

JOURNAL :

Organe de communication sur papier, très prisé avant l'invention de l'Internet, notamment par le motard qui en appréciait les vertus calorifiques. Utilisé comme coupe-vent sous le blouson, le journal faisait office d'isolant. Dans un second temps, on pouvait également s'en servir en cuisine pour récolter les épluchures ou allumer le barbecue en période estivale.

| **EXEMPLE** |

Chérie, tu n'as pas vu mon Moto **Journal** *?*
Comment ça « dans la caisse du chat » ?

K

KAWASAKI :

Marque nippone connue pour avoir démocratisé la couleur verte et créé en 1971 la célèbre 750 H2 Mach IV. Depuis cette date, le constructeur s'est un peu assagi en créant des modèles moins exclusifs dont certains sont même parfois dotés de freins, en option, pour les pilotes débutants.

| **EXEMPLE** |

*Si t'as trop de points sur ton permis, paye-toi une **Kawasaki**.*

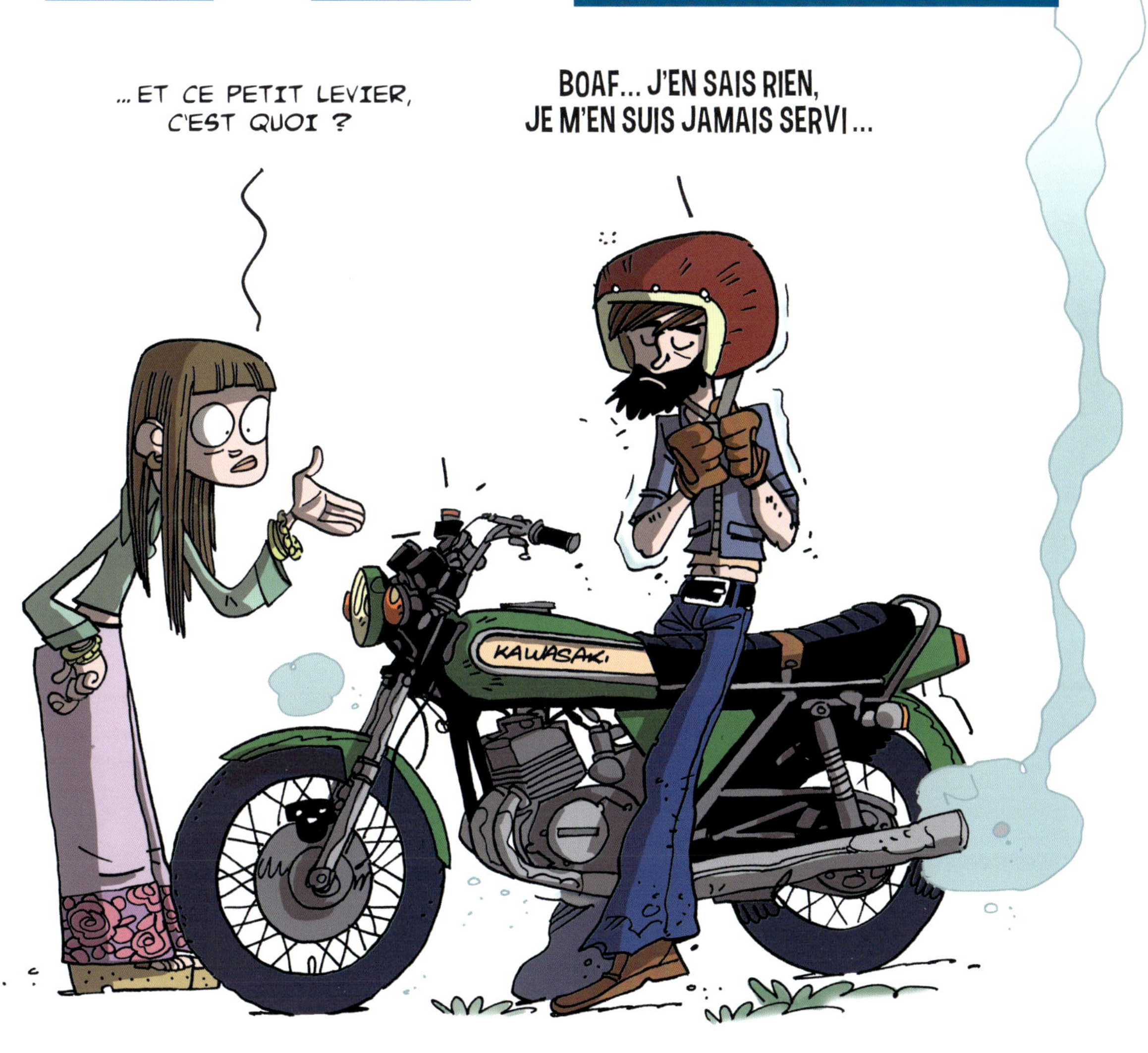

K

KÉKÉ :

Jeune imbécile des contrées du Sud, le kéké (ou cacou en patois local) prolifère sur les routes dès l'apparition des premiers bourgeons. Se déplace généralement au guidon d'une moto bruyante sur laquelle il tente de réaliser, en tenue saugrenue, des figures aléatoires dans le but évident de se casser la gueule.

| EXEMPLE |
Au printemps fleurissent, éphémères, les ***kékés****, qui disparaissent aux dernières lueurs de l'été. (poème motard).*

KICK :

Le kick, ou coup de pied en anglais, est un accessoire qui permet de démarrer une moto de façon virile en étant quasi sûr de s'y reprendre à plusieurs fois. Tombé en désuétude depuis l'invention du démarreur électrique, le kick permettait surtout au motard de se réchauffer avant de partir rouler.

| EXEMPLE |
Rien de tel qu'un bon retour de ***kick*** *pour faire circuler le sang.*

KIT (MOTEUR) :

Ensemble de pièces mécaniques destiné à augmenter de façon illégale la puissance d'un moteur tout en réduisant significativement sa durée de vie.

| EXEMPLE |
*Ne me **kit**te pas... il faut oublier, tu vas me plier... (complainte du cyclomoteur).*

KLAXON :

Accessoire surtout utilisé par les automobilistes pour interpeller d'autres usagers de la route ou tout simplement pour manifester leur présence. Très peu employé par le motard, qui lui préfère largement la poignée de gaz que l'on dévisse violemment en guise d'avertisseur.

| EXEMPLE |
*Depuis que j'ai changé mon pot, je n'ai plus besoin de **klaxon**.*

L

LIGNE :

Blanche ou continue, elle symbolise une démarcation fictive de la route et permet aux automobilistes bigleux de se repérer, et aux motards de jouer les rebelles en n'en tenant pas compte. Les lignes blanches, comme les passages piétons, offrent également un excellent moyen de vérifier le taux d'humidité sur la chaussée.

| **EXEMPLE** |

*Si j'ai vu la **ligne** continue ? Vous pensez vraiment que j'ai que ça à faire de regarder par terre à l'allure où je roule ?*

LOPETTE :

Sobriquet plus ou moins affectueux donné à un motard trouillard qui a pour habitude de freiner tôt sous le prétexte fallacieux de préserver, par exemple, ses plaquettes de frein. Par extension, s'emploie comme qualificatif pour désigner une action particulièrement spectaculaire.

| **EXEMPLE** |
Sans vous offenser mademoiselle, c'était pas un freinage de ***lopette*** *!*

LOUVOYER :

Action qui consiste à errer bêtement de part et d'autre d'un virage en quête de la trajectoire idéale. Peut également s'employer comme excuse acceptable pour souligner le comportement d'une moto instable, pour peu qu'il soit renforcé par un argument irréfutable : « Passé 250, elle louvoie un peu, j'ai peut-être un problème de pneu… »

| **EXEMPLE** |
On ne dit pas : « J'avoue, j'ai un peu ***louvoyé*** *» mais « Il y avait du gasoil sur la trajectoire, j'ai dû improviser. »*

M

MANCHONS :

Accessoire très pratique et par conséquent particulièrement disgracieux, qui se glisse au bout du guidon. Conçu pour enlaidir une moto et éventuellement éviter au motard de se geler les mains en hiver.

| **EXEMPLE** |

Pourquoi tu as mis ce truc moche sur ta moto ? Mais non, je ne parle pas de Gislaine, mais des ***manchons****...*

MOTO :

Apocope pour motocyclette (nom commun). Véhicule motorisé à deux roues sur lequel un pilote est assis à califourchon. La moto aurait été inventée par un Français, Louis Guillaume Perreaux, en 1868. Il s'agissait alors d'un prototype à vapeur n'ayant jamais roulé de manière autonome, fixé à un axe vertical autour duquel elle tournait afin de permettre au pilote de s'occuper essentiellement du moteur. Depuis cette glorieuse date, la moto française n'a pratiquement pas évolué.

| EXEMPLE |

*Chérie, apporte-moi un peu de charbon : je ferais bien quelques ronds à **moto** dans le jardin.*

MOTARDE :

Compagne du motard qui voyage généralement à ses côtés et plus précisément derrière lui afin de porter ses vêtements de rechanges dans un sac lourd et volumineux. À noter de rares exceptions de motardes ayant été aperçues au guidon d'une moto, mais principalement à des fins publicitaires.

| EXEMPLE |

*« Le problème des plaisanteries sur les **motardes**, c'est pas qu'elles soient machistes, c'est surtout qu'elles sont irréalistes. »*
(Le Petit Misogyne illustré – *extrait*).

M

MOUCHERONS :

Terme qui désigne une famille d'insectes motardivores particulièrement redoutable, mais fort heureusement stupide. Dès le printemps ces mouches minuscules passent à l'attaque sur les routes, en quête d'une proie. Hélas, inconscients de leur petite taille, les insectes se fracassent le plus souvent sur le véhicule et son pilote.

| EXEMPLE |
*C'est au nombre de **moucherons** collés sur les dents que l'on reconnaît le motard heureux.*

MOUILLÉ :

Vision pessimiste de l'état de la route par temps de pluie ou de forte humidité induisant l'idée que la probabilité de se vautrer augmente. Certains motards anxieux ont tendance à imaginer que le mouillé entraîne forcément une perte d'adhérence et rallonge les distances de freinage. Il ne s'agit, la plupart du temps, que d'un prétexte pour rester au bar.

| EXEMPLE |
*Le **mouillé**, ça commence sur la route et ça finit dans le pantalon.*

N

NEIGE :

Matière molle et froide sur laquelle certains imprudents aiment glisser, équipés de planches aux pieds. Le motard raisonnable se tient généralement à l'écart de cet élément instable dont il redoute la versatilité. Toutefois, en de rares occasions, il est envisageable de se mesurer à la neige à moto, histoire d'asseoir sa réputation de « vrai » motard.

| **EXEMPLE** |

*Le problème avec la **neige,** ce n'est pas tant l'adhérence. C'est surtout que ça masque les repères de freinage.*

N

NÉOPHYTE :

Novice de la moto. Pilote débutant, plein d'allant, mais manquant sérieusement de cervelle. Se dit généralement d'un maladroit à qui l'on cherche des circonstances atténuantes s'il fait partie du cercle amical. Peut s'utiliser pour justifier une piètre performance lors d'une arsouille durant laquelle un jeune pilote nous a miraculeusement tenu tête.

| **EXEMPLE** |
*J'ai préféré le laisser rouler devant. J'ai pas confiance dans les trajectoires brouillonnes des **néophytes**.*

NITROMÉTHANE :

Liquide visqueux hautement instable utilisé comme carburant à haut potentiel explosif par les véhicules de compétition et par les pilotes pour ses vertus diurétiques. Certains lui préfèrent toutefois un mélange à base d'éther ou d'alcool de pomme de terre selon les régions, mais plus difficile à digérer.

| **EXEMPLE** |
***Nitro** au rouge, rien ne bouge. **Nitro** au vert, tout par terre (proverbe éthylique).*

O

ORAGE :

Événement climatique d'importance variable, survenant principalement au moment où le motard enfourche son engin. Même si aucun lien n'a été formellement établi, de nombreux scientifiques affirment qu'il existe bien un lien entre ces deux événements. Allant même jusqu'à prétendre que, à l'instar de la foudre qui l'est par le métal, la pluie serait attirée par le motard.

| **EXEMPLE** |
***Orage** ! Ô désespoir ! Ô glissades ennemies !*
N'ai-je donc tant vécu que pour ces pitreries…
(Le Side - Corneille)

OUILLE :

Onomatopée employée par le motard lors d'un brusque et douloureux retour à la réalité, ou après un contact rapproché avec un élément solide (bitume, carrosserie, platane…). En sortie de virage, par exemple, s'il est optimiste de nature. En entrée, s'il est anxieux ou trop « vite ».

| **EXEMPLE** |

Broo... Rabrooo... Houlà... Houlà... Bling ! Blang !... Scriiitch... ***Ouille*** *!*

OUVRIR :

Essorer, dévisser, dégoupiller. Action qui consiste à tordre la poignée droite d'une moto sans ménagement ni retenue, de manière franche et sans demi-mesure. Il n'est pas nécessaire d'être un fin guidon pour ouvrir en grand. Il suffit simplement de disposer d'une bonne ligne droite et de mettre son cerveau en positon « off ».

| **EXEMPLE** |

*Tu ferais mieux de la fermer et d'***ouvrir*** *un peu.*

P

PILOTE :

Contrairement à l'automobiliste qui est un conducteur, le motard, lui, est un pilote. Inutile d'avoir prouvé sa valeur en compétition ou de s'échiner à user prématurément sa machine sur un circuit pour revendiquer cette appellation. Tout motard y a droit *de facto* pour peu qu'il roule sur autre chose qu'un scooter.

| **EXEMPLE** |
*C'est au pied de la moto qu'on voit le **pilote**.*

PIZZA :

Stigmate d'une chute. Blessure plus ou moins colorée résultant d'un frottement prolongé avec le bitume. Pour qu'elle soit appétissante et digne d'être mentionnée, la pizza doit être de taille conséquente, idéalement située sur une partie charnue, sanguinolente et purulente. Quelques gravillons pourront l'agrémenter au dressage. Les plus méticuleux la serviront ornée d'un bel hématome violacé et d'une croûte bien craquelée.

| **EXEMPLE** |
*Dis donc Aldo, il paraît que tu as une belle **pizza** sous ton calzone ?*

P

PNEU :

Principal sujet de conversation du motard après la taille de son pot d'échappement. On pourra débattre plusieurs heures sur la qualité de sa gomme (tendre, dure ou demi-molle), sa résistance à l'abrasion ou sa tenue en courbe. C'est au degré d'usure de son pneumatique que l'on reconnaît le pilote. Fait remarquable : lorsqu'il veut avoir l'air bien élevé en société, le motard prononce « peuneu » afin de se donner des airs d'intellectuel…

> | **EXEMPLE** |
> *Je ferais bien une virée sur l'autoroute ce week-end, faut que je finisse mon* ***pneu****.*

POUMON :

Moto poussive. À ne pas confondre avec l'étron (voir Étron) qui est essentiellement laid mais peut s'avérer performant. Le poumon se distingue par ses performances minables et ses accélérations de mulet. Comment identifier un poumon au premier regard ? C'est simple, c'est systématiquement la moto d'un autre.

> | **EXEMPLE** |
> *Ça vous dirait de vous faire humilier sur un 400, toi et ton* ***poumon*** *? À moins que t'aies les foies ou juste pas les cou...*

POURRIR :

Action d'enrhumer ses petits camarades à l'occasion d'une virée mémorable ou d'un simple départ arrêté au feu rouge. Il est recommandé d'employer le verbe à la première personne du singulier : « Je pourris tout ce qui bouge dans un rayon de cinquante bornes », ou de le conjuguer avec l'auxiliaire être ou avoir : « Je t'ai pourri, grosse larve. » On évitera à tout prix d'avoir à l'utiliser précédé de : « Je me suis fait. »

| **EXEMPLE** |
Mieux vaut ***pourrir*** *à genoux que déguerpir couché. (proverbe motard).*

Q :

Dix-septième lettre de l'alphabet, hautement symbolique pour le motard. Elle évoque en effet un corps commutatif en mathématique, qui, comme chaque motard le sait, est un ensemble de nombres rationnels, symbolisé par l'équation suivante :

$$Q = \left\{ \frac{m}{n} \mid (m, n) \in Z \times (Z \setminus \{0\}) \right\}$$

Le plus fascinant étant que Q est un corps topologique, mais n'est en revanche pas un espace complet.

| **EXEMPLE** |

J'ai toujours préféré l'amour avec un petit Q plutôt qu'avec un grand A. (attribué à DSK)

R

RADAR :

Également appelé « boîte à images » lorsqu'il est équipé d'un appareil photo avec flash intégré, cet appareil est très utile pour étalonner le compteur de sa moto. Seul petit bémol, le relevé de vitesse réelle est généralement facturé assez cher et agrémenté dans la majorité des cas d'un retrait de points de permis.

| **EXEMPLE** |
*192 km/h !!! Mais il déconne, votre **radar**, j'étais largement à 200 au compteur !*

RENDRE LA MAIN :

Équivaut à rendre les armes ou à agiter le drapeau blanc en temps de guerre. Abandonner lâchement une bourre sous un prétexte fallacieux. Couper comme un pleutre à l'approche d'un virage en imaginant qu'on arrive trop vite.

| **EXEMPLE** |
Mieux vaut ***rendre la main*** *que perdre la face.*

S

SCOOTER :

Engin à deux ou trois roues, dénué d'intérêt et de tout charisme, permettant aux automobilistes de se vautrer sur le périphérique parisien en faisant croire aux infirmières de l'hôpital qu'ils sont motards.

| **EXEMPLE** |
J'aime pas dire du mal des gens, mais c'est vrai : le ***scooter****, c'est pratique.*

S

SINGE :

Passager d'un side-car prenant place dans le panier et dont les gesticulations apparemment désordonnées permettent toutefois au pilote de manœuvrer l'engin dans les virages. À noter que, si le passager qui occupe cette fonction est une femme, on ne l'appelle pas pour autant une « guenon ».

| EXEMPLE |

*Un **singe** dans le panier et un âne au guidon, c'est le secret d'un bon équipage.*

SLIDERS :

Mot anglais qui signifie « glisseurs ». Protections en plastique destinées à frimer au comptoir et éventuellement à protéger les genoux du motard sur un circuit.

| EXEMPLE |

*Vu ton style, si tu veux limer tes **sliders**, tu ferais mieux d'acheter du papier de verre…*

STUNT :

Discipline acrobatique visant à réaliser un maximum de figures (tricks) avant de se mettre par terre. De nombreux motards pratiquent le stunt sans le savoir, notamment lors de freinages trop appuyés.

| EXEMPLE |

*Toi qui tombes beaucoup, tu devrais essayer le **stunt**.*

T

TAS (ALLER AU) :

Se vautrer, se bourrer, se répandre, se gaufrer, se mettre une bonne boîte... Bref, tomber, avec ou sans panache, de sa moto. La chute faisant partie intégrante de la pratique de la moto, il n'y a pas à épiloguer sur la question, même si le vocabulaire pour l'exprimer est foisonnant.

| EXEMPLE |
*Tant va la cruche au **tas** qu'à la fin elle se casse. (proverbe motard).*

TIRER UN POIL COURT :

Ne pas parvenir à exploiter sa machine au maximum de ses capacités pour une obscure raison mécanique qui nous échappe forcément, comme tout ce qui touche à la mécanique. Excuse à employer sans modération pour justifier une contre-performance.

| **EXEMPLE** |

*Je ne sais pas ce qu'il y a aujourd'hui, je **tire un poil court**. C'est sûrement à cause de l'humidité.*

TOURIST TROPHY :

Épreuve mythique qui se déroule chaque année sur l'île de Man dans le nord de l'Angleterre. Course d'anthologie où des timbrés roulent à tombeau ouvert sur une route défoncée en essayant de ne pas se manger un cheval ou une maison qui traverse. Le plus souvent, l'épreuve est remportée par un Anglais…

| **EXEMPLE** |

*Au **Tourist Trophy**, ce n'est pas la puissance de la moto qui compte, mais la taille du cerveau du pilote. Elle doit être inversement proportionnelle à celle de ses testicules.*

TRIUMPH :

Constructeur anglais qui, pour ne pas faire comme tout le monde, aurait pu décider de monter le guidon à l'envers ou de mettre la poignée des gaz à gauche. Triumph a choisi plus simplement de fabriquer des moteurs à trois cylindres.

| **EXEMPLE** |

*Depuis qu'elles ne pissent plus l'huile, les **Triumph** ont perdu tout leur charme. (Marcel Monaud – Collectionneur de Norton).*

U

U (ANTIVOL) :

Système antivol en forme de U dont la fonction est de déformer et d'alourdir les sacs à dos, de se faire oublier sur l'une des roues de la moto, voire éventuellement de se détacher de son support alors que l'on roule à vive allure. Le U est doté d'une clé farceuse qui, pour sa part, prend un malin plaisir à se dissimuler au fond d'une poche lorsque le motard est enfin parvenu à enfiler et à boucler sa combinaison de pluie.

| **EXEMPLE** |
*Quelqu'un aurait vu la clé de mon **U** ?*

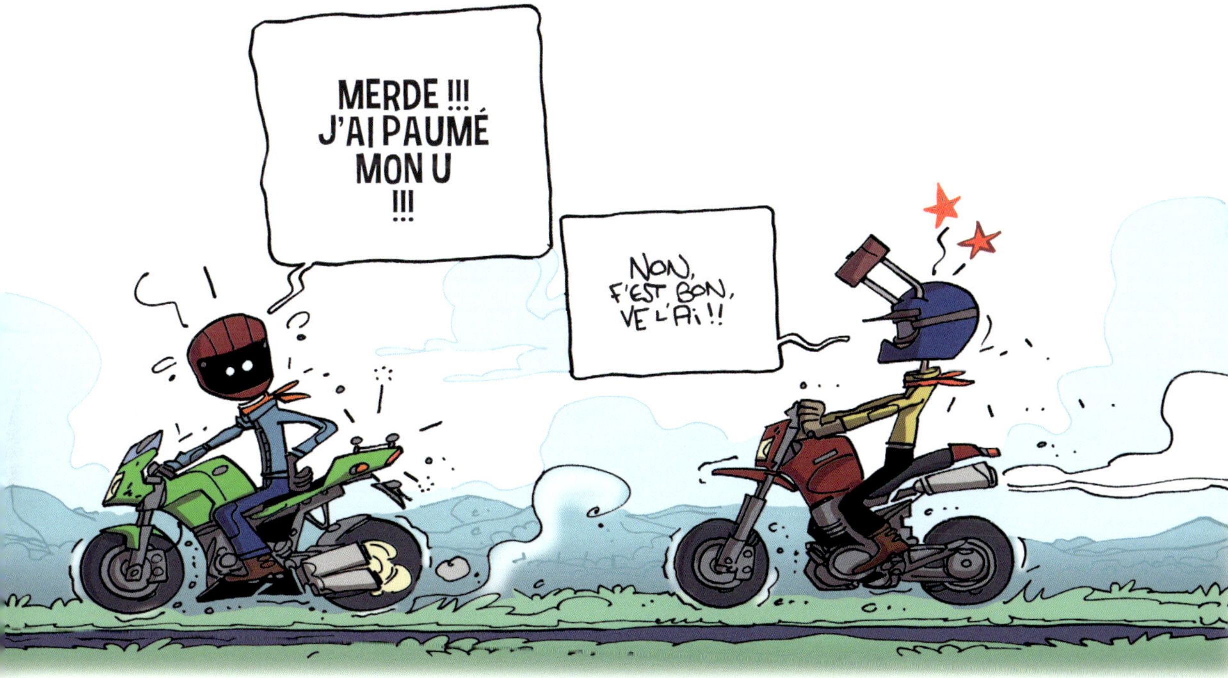

U

URGENCE (BAU) :

Partie de la chaussée réservée théoriquement aux véhicules en panne et/ou d'urgence. Zone particulièrement attractive pour le motard, car elle représente un espace vierge à explorer, un peu comme le hors-piste l'est pour le skieur. L'emprunter peut présenter un risque d'avalanche de PV.

| **EXEMPLE** |
*La bande d'arrêt d'**urgence**, on ferait mieux de la rebaptiser, « bande d'accélération d'**urgence** », ce serait plus juste.*

V

V (SALUT) :

Lettre symbolisant le V de « victoire », détournée en signe de reconnaissance et de salut par le motard dont la politesse et le savoir-vivre légendaires ne sont plus à démontrer.

| **EXEMPLE** |
*Les motards utilisent le **V** pour se saluer et le Q pour se dire au revoir.*

ÉVOLUTION DU PILOTE DE MOTO AU FIL DES GÉNÉRATIONS ET DE L'AUGMENTATION DE LA PUISSANCE DES MACHINES.

VELU :

Qualifie l'aspect du motard, dont le système pileux s'est considérablement développé au fil des générations jusqu'à former une couche épaisse qui le protège des frimas et des intempéries. Peut également être utilisé comme adjectif s'il désigne les performances époustouflantes d'une moto.

| **EXEMPLE** |
Sans me vanter, ma brêle, elle pousse ***velu.***

W

WATT :

Unité de puissance conventionnelle, utilisée pour qualifier la vigueur (en patate) d'un deux-roues motorisé. Une moto qui a des watts assure à son propriétaire une renommée et des performances de haut vol et parfois même de hauts vols de renommée.

| **EXEMPLE** |
*Vas-y, Maurice, mets les **watts** et soude !*

WHEELING :

Figure plus ou moins acrobatique réalisée, intentionnellement ou pas, par un motard en phase d'accélération brutale. Un bon wheeling se mesure en degrés (qui sera qualifié de « déraisonnable » au-delà de 90) ou éventuellement en millimètres (de plastique râpé sur le support de plaque d'immatriculation).

| **EXEMPLE** |
J'appelle pas ça un ***wheeling****, mais un départ précipité !*

X

Y

YAMAHA :

Constructeur japonais d'instruments de musique, de bateaux et de motos. Malgré tout son savoir-faire, n'est pas encore parvenu à concevoir une moto totalement amphibie.

| **EXEMPLE** |

*Toute **Yamaha** plongée dans un liquide reçoit de la part de celui-ci une poussée verticale, dirigée de bas en haut, égale au poids du volume de fluide déplacé (Principe d'Archimède).*

Z

Z BAR :

Genre de guidon particulièrement aérodynamique qui confère à la moto un Cx d'armoire normande. Le principal avantage de cet accessoire est de permettre une excellente circulation du sang des bras vers le cerveau. Permettant à celui-ci d'être suffisamment irrigué pour que le pilote prenne bien conscience de son attitude ridicule.

| **EXEMPLE** |

Depuis que j'ai monté un ***z bar*** *sur mon 103 SP, je n'ai plus de problème de transpiration sous les bras.*

ZONE ROUGE :

Zone du compteur qui symbolise la partie dans laquelle est approchée le régime moteur maximal. Le pilote respectueux de la mécanique est censé couper les gaz lorsqu'il pénètre dans cet espace. C'est pourquoi les constructeurs installent un rupteur afin de calmer les ardeurs des motards peu soigneux.

| **EXEMPLE** |
*Ah bon, il y a une **zone rouge** sur ma moto ?*